AF230594

NOUVELLES ÉTUDES

SUR L'

ISOLEMENT DES CONTAGIEUX

EN FRANCE ET EN ANGLETERRE

PRINCIPAUX TRAVAUX DES MÊMES AUTEURS

Relatifs à l'Hygiène publique, à la Médecine légale et à l'Épidémiologie.

EN COLLABORATION

Études sur les hôpitaux d'isolement en Angleterre, un vol. grand in-8°
de 250 pages avec 40 plans et figures. Paris, 1886. J.-B. Baillière
et fils. Ouvrage présenté à l'Institut. Mention honorable, 1887.

M. LUTAUD

Manuel de médecine légale et de jurisprudence médicale, un volume
in-12 de 760 p., 5e édition, Paris 1890.

*Des mesures sanitaires et répressives dirigées contre la prostitution
en Angleterre* (Gazette hebdomadaire, mai 1874).

Traité de la fièvre typhoïde de Ch. Murchison, traduit et annoté par
le Dr LUTAUD, avec introduction de M. le Dr Henri GUÉNÈAU DE MUSSY,
un vol. in-8°, Paris, 1878.

L'antisepsie et la chirurgie antiseptique, par sir W. MAC CORMAC, traduit par le Dr LUTAUD, un vol. in-8°, Paris, 1881.

Questions médico-légales relatives à l'anesthésie (Congrès international de médecine légale, Paris, 1878).

Du secret médical et des déclarations de naissances (Société de médecine de Paris, 1881).

La profession médicale en Angleterre (Gazette hebd., mai 1873).

Étude médico-légale sur les Assurances sur la vie, un vol. in-12,
Paris, 1882. Steinheil, éditeur.

M. Walter DOUGLAS HOGG

La médecine publique en Angleterre, un volume in-8° de 200 pages,
Paris, 1883, G. MASSON.

*L'Acide salicylique, sa nature et les falsifications pour lesquelles on
l'emploie*, in-8°, Paris 1877.

Premiers secours aux malades et aux blessés, in-12, Paris, 1886. G.
Masson, 2e édit.

De la législation anglaise contre la falsification (Journal des connaissances médicales, février 1881).

De la législation des États-Unis concernant les falsifications (Journal des connaissances médicales, février 1881).

L'Angleterre et le choléra (Journal de médecine de Paris, août 1883).

De l'organisation de l'inspection des substances alimentaires. Mémoire
lu à la Société de médecine publique (Revue d'hygiène, mai 1881).

Sur la répression de la falsification des substances alimentaires.
Communication au Congrès International de médecine (Londres,
1881).

The Bread Reform League. La fabrication du pain (Revue d'hygiène, août 1881).

Les travaux du Laboratoire municipal (Journal de Médecine de
Paris, juin et novembre, 1882).

NOUVELLES ÉTUDES

SUR L'

ISOLEMENT DES CONTAGIEUX

EN FRANCE & EN ANGLETERRE

PAR

Auguste LUTAUD

Médecin-adjoint de Saint-Lazare,
Membre de la Société de Médecine légale de France,
Médecin expert près le tribunal de la Seine,
Ex-médecin de l'Hôpital français de Londres, etc.

ET

Walter DOUGLAS HOGG

Docteur en médecine de la Faculté de Paris,
Membre de la Commission d'hygiène du VIIIe arrondissement,
Membre de la Société de Médecine publique et d'Hygiène professionnelle.

PARIS

LIBRAIRIE J.-B. BAILLIÉRE

19, RUE HAUTEFEUILLE, 19

PRÈS DU BOULEVARD SAINT-GERMAIN.

—

1890

A Monsieur MONOD,

Directeur de l'Assistance publique

au Ministère de l'Intérieur.

SOMMAIRE

Monsieur le Ministre,

Nous avons été chargés à différentes reprises par vos prédécesseurs d'étudier les mesures d'isolement et d'hospitalisation prises contre les maladies infectieuses à l'étranger et plus particulièrement en Angleterre.

Pour remplir convenablement cette mission, nous nous sommes rendus en Angleterre, en 1884 et 1885, à l'époque où une grave épidémie de variole sévissait à Londres et nous y avons fait un séjour assez long pour étudier sur place le fonctionnement du système d'isolement spécialement appliqué aux varioleux dans cette ville.

Nos études ont été résumées dans un rapport qui a été adressé à votre administration en 1885. Ce rapport a été imprimé, puis soumis à l'approbation de l'Académie des sciences qui l'a honoré d'une mention (1).

Depuis cette époque nous n'avons cessé de nous occuper de cette question et nous avons saisi avec empressement l'occasion que vous avez bien voulu nous fournir par votre lettre en date du 3 juin 1889, « *d'étudier le fonctionnement des services hospitaliers, notamment en ce qui concerne les malades atteints d'affections contagieuses et transmissibles d'après les documents réunis à l'occasion de l'Exposition universelle* ».

(1) Des hôpitaux d'isolement en Angleterre, par Lutaud et Hogg, un vol. in-8° de 243 pages avec 50 plans et gravures. Paris, 1886. J. B. Baillière.

Le rapport sommaire que nous vous soumettons aujour-
d'hui a été fait, non seulement en vue de vous présenter
quelques documents inédits sur cette importante question,
mais encore avec la pensée que ces documents pourraient
être de quelque utilité pour l'application en France, et plus
particulièrement à Paris, d'un système d'isolement qui, quoique depuis longtemps à l'étude, n'a pas encore reçu la sanc-
tion de la pratique et de l'expérience.

Veuillez agréer, Monsieur le Ministre, l'hommage de notre
profond respect.

A. LUTAUD.   W. D. HOGG.

INTRODUCTION

Nous avons examiné avec le plus grand soin et dans tous leurs détails, les sections de l'Exposition universelle de 1889 qui semblaient devoir nous fournir des renseignements se rapportant à l'hygiène hospitalière. Notre tâche a été sous ce rapport favorisée par notre qualité de membre du jury des Récompenses. Nous avons pris part aux travaux des Congrès où devaient être discutées ces questions ou celles ayant trait à la prophylaxie des maladies infectieuses, notamment les Congrès d'Hygiène et de Démographie, de l'Assistance publique, des Œuvres d'assistance en temps de guerre, de Thérapeutique et de Médecine légale.

Il nous a été permis de réunir un grand nombre de documents qui, bien que possédant chacun leur importance, ne méritent pas tous d'être rapportés ici. Aussi bien un choix a-t-il dû être opéré parmi eux. Nous nous sommes attachés à éliminer tous ceux qui, déjà publiés ou devant l'être dans des publications officielles, paraîtront soit dans les comptes rendus des Congrès, soit dans les rapports de l'Exposition. Notre désir a été de ne présenter que le résultat de renseignements nouveaux, particulièrement ceux qui se rattachent à l'*isolement des infectieux* dans les grandes villes.

Nous ne perdons pas de vue que cet aperçu ne saurait avoir d'autre but pratique que de suggérer un plan applicable à nos grandes villes et plus particulièrement à Paris. On sait que la municipalité parisienne étudie en ce moment un système pratique et il ne semble pas que l'on soit arrivé encore à une solution satisfaisante, en dépit des efforts que devait nécessairement susciter une innovation dont dépend la vie et la santé de tant d'habitants.

CHAPITRE I.

Léthalité produite par contagion à l'intérieur des hôpitaux.

Avant d'exposer les résultats obtenus à l'étranger par l'application rigoureuse de l'isolement des infectieux, il convient d'établir d'une façon irréfutable l'utilité de l'isolement.

Cet isolement a pour but :

1° *D'empêcher le développement d'une maladie infectieuse dans une ville* en hospitalisant immédiatement l'individu affecté. Cette première mesure est généralement appliquée dans tous les pays en admettant l'individu porteur d'une scarlatine, d'une variole ou d'une diphthérie dans un hôpital général. C'est l'hospitalisation telle qu'elle a été pratiquée de tout temps.

2° *D'empêcher le développement d'une maladie infectieuse parmi les malades d'un hôpital général* chez des individus qui y ont été admis pour des maladies non infectieuses.

C'est là le point capital et pour ainsi dire nouveau dont nous nous sommes efforcés de faire ressortir l'importance depuis près de dix ans que nous nous occupons de cette question.

S'il est en effet démontré que l'infectieux admis dans un hôpital général est apte à communiquer son affection aux autres malades de l'hôpital, ce n'est plus l'hospitalisation ordinaire qu'il faut à l'infectieux, mais son admission dans un hôpital ou tout au moins un pavillon où ne sont admis que les infectieux de même catégorie.

Or, les chiffres suivants, empruntés à la statistique hospitalière parisienne, que nous avons dressée grâce à l'obligeance de notre excellent confrère et ami M. le Dr J. Bertillon, sont assez frappants pour qu'il soit inutile d'insister sur ce point.

Elle résume le total des cas de contagion intérieure qui se sont produits depuis nos dernières observations relevées en 1885 d'après les états du Bureau de Statistique municipale.

Cas intérieurs.

Années	1884	1885	1886	1887	1888	1889	Totaux.
Choléra	62	»	»	»	»	»	62
Variole	22	25	61	89	0	11	208
Fièvre typh.	38	71	70	188	78	122	567
Diphthérie..	279	175	205	228	331	239	1.457
Totaux	401	271	336	505	409	372	2.294

Il est donc avéré que, depuis 1884, plus de 2,000 individus ont été atteints d'affections qu'ils auraient pu éviter en ne fréquentant pas l'hôpital.

Quel serait le total si nos constatations pouvaient porter sur toutes les autres maladies infectieuses et transmissibles dont il n'est pas fait mention ?

Tous ces cas n'ont pas été mortels sans doute, mais que de victimes néanmoins la proportion élevée de la diphthérie n'atteste-t-elle pas — on peut l'évaluer à plus de 1200 — et qui auraient échappé à la contagion si l'isolement avait été pratiqué.

Bien qu'incomplets, ces chiffres ont une singulière éloquence. Ils disent assez combien sont impérieuses les mesures appelées à remédier à une situation aussi défectueuse.

Si Tenon revenait parmi nous, il ne manquerait pas de rédiger un de ces mémoires saisissants qu'il adressait à l'Académie des sciences pour flétrir l'inhumanité avec laquelle on traitait, en 1786, les malades de l'Hôtel-Dieu. Il lui semblerait que son œuvre est inachevée, puisque les maisons hospitalières développent et propagent des maladies maintenant comme alors et il réclamerait des réformes avec autant de force et d'opiniâtreté qu'il en mettait à condamner les maux de son temps.

Certes une satisfaction lui serait réservée ; il constaterait des progrès réels dans la construction, la ventilation, la distribution des salles des hôpitaux généraux actuels.

CHAPITRE II.

Les progrès de l'hospitalisation en France et à l'Etranger.

Nous avons dû, tant pour notre satisfaction personnelle que pour nous conformer aux instructions ministérielles, examiner les hôpitaux généraux dont les plans figuraient à l'Exposition de 1889.

Les hôpitaux généraux à l'Exposition de 1889. Nous ne nous étendrons pas longuement sur les plans des hôpitaux généraux exposés.

Les organisateurs de l'Exposition de l'Assistance publique nous ont permis de passer en revue la plupart des établissements créés dans ces dernières années. Nous avons remarqué notamment les plans et les modèles de ceux construits à Montpellier, Marseille, Bordeaux, Toulouse, au Havre.

Notre admiration n'a pas été cependant sans réserve. Nous avons relevé bien des vices de distribution et des transgressions flagrantes aux lois de l'hygiène : cinq à six lits sur un même trumeau, sans fenêtres intermédiaires, des pavillons d'isolement à plusieurs étages superposés avec un cube d'air absolument insuffisant, etc.

Toutefois, s'il n'y a pas de résultats acquis importants, il existe un grand désir de bien faire. L'attention est en éveil et l'ingénieur comme l'architecte paraissent soucieux d'observer les préceptes d'une science pour laquelle ils ont témoigné jusqu'ici la plus souveraine indifférence.

Nous venons de citer les pavillons d'infectieux. Cette innovation est sans contredit une des plus importantes qui aient été mises en pratique pendant ces dernières années. De même que la ventilation, la propreté, l'espace, l'asep-

sie en un mot, sont une règle dont tout service d'hôpital
général bien tenu ne saurait s'écarter, de même l'isolement
constitue pour les maladies infectieuses un progrès auquel
on ne saurait résister. Dans un temps prochain, on éprou-
vera à entendre que l'on hospitalisait dans des salles com-
munes l'infectieux et celui qui ne l'était pas, le même sen-
timent que l'on ressent au récit des lits à plusieurs malades
des siècles passés.

LES HÔPITAUX D'ISOLEMENT EN ANGLETERRE.

De tous les pays représentés à l'Exposition universelle,
le seul qui ait offert quelque aliment à notre enquête, est
l'Angleterre.

Nous nous y attacherons donc exclusivement et nous exa-
minerons non seulement les documents qui ont figuré dans
les classes et à la section d'économie sociale, mais ceux que
nous avons pu nous procurer directement.

Cet examen nous est d'autant plus facile, que nous nous
sommes toujours tenus au courant des progrès que ce pays
apportait dans l'organisation de ses hôpitaux d'isolement.
Mais, quoique limitée, notre étude n'en sera peut-être pas
moins instructive.

L'Angleterre ayant toujours été la première à adopter des
innovations en matière d'isolement, il est tout naturel qu'elle
tienne la tête parmi les rares nations qui ont inscrit les lois
relatives à l'hygiène publique parmi les réformes les plus
utiles et les plus urgentes.

Dès 1746, nous voyons à Londres un hôpital d'isolement
pour les varioleux, *The Highgate hospital.* En 1802, *The
London Fever hospital* est créé à l'usage exclusif des fièvres
contagieuses. Cela prouve quelle part la contagion a prise
de tout temps dans les préoccupations des médecins anglais ;
nous ajouterons du public, car ces hôpitaux étaient et sont
encore payants. Ils ne subsistent que grâce aux fonds que
leur apportent les malades qui viennent volontairement se

mettre en quarantaine dans la conviction qu'ils éviteront à
leurs proches les maux dont ils sont frappés. Rien ne saurait mieux démontrer la vulgarisation de notions qui ailleurs ne sont pas toujours acceptées même par ceux dont le
devoir serait de les répandre.

Nous ne rappellerons pas la marche suivie depuis dans
cette voie ; elle se fit peut-être lentement, mais à pas sûrs.
Murchison (1), en 1862, par ses éloquentes leçons fit adopter
le principe de la séparation des malades atteints d'affections
contagieuses de nature différente : scarlatineux, rubéoleux,
typhiques, etc.

Diminution des cas de contagion intérieure.

En peu d'années, la contagion intérieure, qui s'était généralement maintenue à 1 pour 40 environ, tomba à 1 pour
346 malades. Puis vinrent les rapports du Dr Bristowe et de
M. Holmes en 1863 ; la promulgation du Sanitary Act en
1866 ; enfin, en 1867, la constitution du Conseil des Asiles
Métropolitains, qui a organisé l'hospitalisation des infectieux
à Londres.

Ce sont les résultats atteints par cette administration que
nous chercherons à analyser non seulement parce que c'est
elle qui a exposé les documents les plus importants, mais
aussi parce que ceux-ci fournissent des informations que
nous ne saurions trouver dans la pratique de l'isolement
des autres villes anglaises, partant des quelques centres de
l'étranger où le système vient seulement d'être mis à l'essai.

Londres résume, en effet, ce qui a été fait ailleurs. De plus,
l'exemple est instructif en ce sens que ce sont surtout les
grandes villes qu'il faut songer d'abord à soustraire à l'influence de la contagion. L'expérience acquise à Londres doit
certainement être mise à profit en ce qui concerne Paris.

Loin de nous l'idée de chercher des applications sans tenir compte des divergences inhérentes aux deux capitales.

____

(1) Murchison, *On continued Fever* (fièvre typhoïde). Cet ouvrage
a été traduit en français par l'un de nous (Dr Lutaud), un vol. in-8°,
chez Alcan Lévy.

2

Ce serait commettre une grosse erreur. Il importe, au contraire, de se mettre en garde contre des procédés très séduisants au premier abord mais qui ne tiennent leurs promesses que là où ils ont été imaginés, quand ils ne trahissent pas, après mûr examen, les espérances qu'ils avaient fait naître. Tel le camp de convalescence de Darenth, où nous avons vu, en 1884, plus de mille malades à la fois, et qui est aujourd'hui abandonné, comme on le verra plus loin.

CHAPITRE III.

Les hôpitaux d'isolement appliqués à la variole.

Création des hôpitaux pour les varioleux à Londres.

Notre éminent ami, M. George Buchanan, conseiller médical du Local Government Board, administration qui peut être assimilée au Ministère de l'intérieur dans ses attributions relatives à l'assistance et à l'hygiène publique, a bien voulu répondre à un questionnaire que nous lui avons adressé au sujet des faits observés depuis notre dernière enquête. Il y a répondu avec sa bonne grâce habituelle et nous a ainsi fourni des données inédites du plus haut intérêt. Nous aurons l'occasion de les utiliser au cours de cet exposé.

Poursuivant rapidement l'examen des innovations qui se sont succédées à Londres, nous voyons que le *Conseil des Asiles Métropolitains*, mis en demeure par acte du Parlement de procéder à la création d'hôpitaux d'isolement, se mit aussitòt à l'œuvre ; en décembre 1870, il ouvre un premier hôpital de 200 lits à *Homerton*, faubourg de Londres, pour les fièvres contagieuses ; un second, quelques mois plus tard, de 198 lits, à Stockwell, affecté aux varioleux.

Epidémies récentes de variole à Londres.

A peine ces établissements étaient-ils en fonction qu'éclate une terrible épidémie de variole : du 4 février 1871 au 30 janvier 1872, il lui faut trouver place pour 13.189 malades. A Londres, où la mortalité oscille d'ordinaire entre 0.01 et 0.02 pour mille habitants, elle s'éleva à 2,42 pour mille. Il y eut 2.460 décès, soit 18.95 pour cent dans les hôpitaux et baraquements du conseil et 8.000 en ville. La grande épidémie de 1838 n'en causa que 3.800.

C'était une cruelle leçon pour tous et elle ne fut pas perdue. En peu de temps, Londres fut en possession de cinq grands hôpitaux complétés plus tard par les hôpitaux flottants de la Tamise et par un établissement de convalescence: ce dernier de 500 lits. Ces ressources ont pu être mises à profit en 1887, lors d'une épidémie de scarlatine dont nous nous occuperons plus loin.

Les tableaux ci-dessous reproduisent le mouvement d'admission et de décès dans les hôpitaux d'isolement de Londres placés sous la direction du *Metropolitan Asylums Board*.

TABLEAU A, *donnant le nombre des admissions et des décès, ainsi que la mortalité annuelle par 100 dans les hôpitaux de varioleux, ainsi que la mortalité générale par la variole par 1,000 habitants, dans toute la ville de Londres.*

ANNÉES.	ADMISSIONS.			DÉCÈS.			Mortalité par cent dans les hôpitaux de varioleux.	Mortalité ann. par 1,000 habit.
	Variole.	Autres maladies.	Total.	Variole.	Autres maladies.	Total.	Variole.	Variole.
du 1er déc. 1870 au 30 fév. 1871	582	» »	582	97	» »	97	20.81	» »
du 4 fév. 1871 au 31 jer 1872	13.139	6	13.145	2.460	» »	2.460	18.95	2.42
1872.........	2.359	3	2.362	467	1	468	17.84	0.54
1873.........	174	17	191	35	» »	35		0.03
1874.........	112	8	120	10	» »	10	17.02	0.02
1875.........	89	22	111	22	» »	22		0.01
1876.........	2.134	16	2.150	372	1	373	21.64	0.21
1877.........	6.516	104	6.620	1.214	4	1.218	17.92	0.71
1878.........	4.558	96	4.654	824	9	833	17.99	0.39
1879.........	1.628	60	1.688	273	5	278	15.69	0.12
1880.........	1.982	50	2.032	286	2	288	15.95	0.12
1881.........	8.551	120	8.671	1.417	14	1.431	16.61	0.62
1882.........	1.799	55	1.854	260	3	263	12.96	0.11
1883.........	598	28	626	93	» »	93	16 06	0.03
1884.........	6.363	204	6.567	940	3	943	15.98	0.31
1885.........	6.146	198	6.344	1.052	3	1.055	15.8	0.35
1886.........	99	33	132	22	2	24		0.01
1887.........	56	3	59	3	» »	3	15.2	0.00
1888.........	62	5	67	8	» »	8		0.00
Totaux...	56.947	1.028	57.975	9.855	47	9.902	17.3	0.34

Moyenne de la mortalité annuelle par 1.000 habitants de Londres pendant 18 ans avant l'ouverture des hôpitaux de varioleux (1853 à 1870)............................	0.26
Moyenne de la mortalité par 1.000 depuis l'ouverture des hôpitaux de varioleux (1871 à 1888)..................	0.34
Soit une **augmentation** de 0,08 par mille.	» »

TABLEAU B *donnant le nombre des admissions et des décès par cent pour les fièvres infectieuses (variole exceptée) dans les hôpitaux d'isolement dans la ville de Londres depuis l'ouverture du premier hôpital spécial (25 janvier 1870).*

ANNÉES.	ADMISSIONS.						DÉCÈS.					
	Scarlatine	Diphthérie	Typhus.	Fièvre typhoïde.	Autres fièvres.	Total.	Scarlatine	Diphthérie	Typhus.	Fièvre typhoïde.	Autres fièvres.	Total
1870 (du 25 janv. au 15 mai).	...	..	...	...	218	218	...	..	...	...	14	14
1871......	...	..	...	...	...	...	...	..	...	...	...	...
1872......	108	..	134	279	343	864	11	..	30	57	70	168
1873......	92	..	401	381	271	1.145	6	..	91	56	58	211
1874......	804	..	536	435	359	2.134	89	..	106	63	84	342
1875......	1.182	..	65	299	269	1.815	160	..	16	78	54	308
1876......	671	..	139	288	294	1.392	90	..	28	59	71	248
1877......	479	..	170	372	183	1.207	54	..	36	79	33	202
1878......	679	..	168	484	236	1.564	91	..	47	100	40	278
1879......	1.469	..	48	385	196	2.098	211	..	11	74	39	335
1880......	1.949	..	28	248	239	2.464	242	..	6	43	37	328
1881......	1.477	..	219	415	211	2.322	168	..	34	86	46	334
1882......	1.850	..	148	515	354	2.867	189	..	27	104	60	380
1883......	1.920	..	45	486	269	2.720	234	..	11	74	66	385
1884......	1.845	..	29	493	180	2.547	234	..	5	98	55	392
1885......	1.353	..	53	220	229	1.855	130	..	7	36	46	219
1886......	1.780	..	10	333	74	2.197	151	..	4	47	22	224
1887......	5.900	..	35	441	161	6.537	489	..	4	61	59	613
1888......	4.408	99	1	450	194	5.152	501	46	...	72	60	679
Totaux.	27.966	99	2.229	6.524	4.280	41.098	3.050	46	463	1.187	914	5.660

TABLEAU C *donnant la mortalité par fièvre infectieuse (variole exceptée) dans les hôpitaux d'isolement et dans la ville.*

ANNÉES.	Mortalité par cent chez les malades admis dans les hôpitaux d'isolement.				Mortalité annuelle par 1.000 habitants de Londres.			
	Fièvre à rechutes	Diphthérie	Typhus.	Fièvre typhoïde.	Scarlatine	Diphthérie	Typhus.	Fièvre typhoïde.
1870 (du 25 janvier au 15 mai)...	12.84	...	...	...	1.88	...	0.15	0.30
1871 (15 mois au 31 déc. 1872).		...	...	...	0.58	...	0.12	0.27
1872...............	10.78	...	23.62	21.96	0.28	...	0.05	0.24
1873...............	6.55	...	23.15	15.13	0.19	...	0.08	0.27
1874...............	12.15	...	19.62	14.87	0.77	...	0.09	0.26
1875...............	13.69	...	23.35	24.68	1.06	...	0.04	0.23
1876...............	12.13	...	19.31	20.34	0.65	...	0.04	0.22
1877...............	12.1	...	23.07	22.93	0.44	...	0.04	0.25
1878...............	14.34	...	26.25	20.26	0.49	...	0.04	0.28
1879...............	15.27	...	21.56	19.73	0.72	...	0.02	0.23
1880...............	12.1	...	20.68	15.63	0.82	...	0.02	0.19
1881...............	11.1	...	16.95	21.47	0.55	...	0.02	0.25
1882...............	10.37	...	16.92	20.71	0.52	...	0.01	0.25
1883...............	12.38	...	21.15	15.64	0.51	...	0.01	0.24
1884...............	12.27	...	20.00	18.82	0.35	...	0.01	0.23
1885...............	9.47	...	12.17	15.82	0.18	...	0.01	0.15
1886...............	9.4	..	42.10	14.85	0.17	...	0.00	0.15
1887...............	9.54	...	11.59	14.59	0.34	...	0.00	0.15
1888...............	9.89	59.35	...	14.64	0.28	...	0.00	0.16
Totaux	11.05	59.35	20.77	18.26	0.57	...	0.03	0.28

On voit, d'après ces tableaux, que dans l'espace de 18 ans, près de 100.000 infectieux ont été hospitalisés et isolés par les soins du Conseil des asiles métropolitains.

Pour les varioleux (tableau A), on voit que l'institution de ces établissements a été sans influence sur la mortalité générale par la variole en ce qui concerne la population tout entière de la ville de Londres. Il y a même une augmentation de 0,08 par mille. Nous ne chercherons point à expliquer un fait qui paraît en somme anormal et contraire à toutes les prévisions des organisateurs de ces hôpitaux.

Il est probable que cette augmentation est due aux épidémies très meurtrières de 1871, 1877, 1881, 1884 et 1885.

Quoi qu'il en soit, en admettant même que l'isolement des varioleux soit sans influence sur la mortalité de cette maladie, nous pensons que cette mesure s'impose par la nature même de l'affection qui est un sujet d'épouvante pour la population. On peut également supposer que, si l'isolement n'a pas diminué la mortalité chez les individus atteints, il a diminué le nombre total des cas.

En ce qui concerne les fièvres infectieuses autres que la variole, les tableaux B et C tendent, au contraire, à établir que la mortalité à la suite de l'isolement a sensiblement baissé. C'est ainsi que la scarlatine à diminué de 1,24 pour mille, le typhus de 0,17, la fièvre typhoïde de 0,15.

Des observations qui portent sur des chiffres pareils méritent que l'on s'y attarde et sont de nature à fournir des renseignements auxquels l'on chercherait en vain à suppléer par des conjectures ou des calculs ne s'appuyant que sur une expérience de courte durée comme celle qu'on possède actuellement en France. Un exemple suffira à le démontrer.

CHAPITRE IV.

Les hôpitaux-tentes. — Les hôpitaux flottants. Les baraquements.

Les hôpitaux-tentes pour isolement.

Lors de l'épidémie meurtrière qui éclata en 1884, à l'époque de notre première mission, on installa sur un vaste terrain contigu à la rive où étaient amarrés les hôpitaux flottants, un camp de convalescents. On les y reçut sous des tentes et des baraquements élevés à la hâte et que l'on s'ingénia à rendre aussi confortables que possible.

L'expédient paraissait excellent et nous en fûmes nous-mêmes enthousiasmés.

En effet, quoi de plus séduisant ? Une épidémie éclate, on élève des constructions mobiles dans un endroit bien isolé au fur et à mesure des besoins.

Avec sa disparition, on lève le camp improvisé, les abris sont brûlés ou désinfectés et l'on peut attendre en sécurité les éventualités futures.

Lors de notre seconde mission en 1885, le camp commençait à perdre de sa faveur ; les médecins traitants se plaignaient de la difficulté du service ; les malades avaient ou trop chaud ou trop froid. Les baraquements en bois étaient peut-être supportables, mais les tentes étaient condamnées à jamais. Il était à prévoir que le camp de Darenth, une fois évacué, ne serait plus utilisé.

C'est ce qui est arrivé. Dès la fin de l'épidémie, le Conseil a fait construire un vaste hôpital sur le même emplacement pouvant admettre 500 convalescents, après avoir acquis la certitude que les constructions hâtives de toute nature étaient impropres à un service de quelque durée, comme l'exige celui des convalescents.

Origine des hôpitaux flottants.

L'histoire des hôpitaux flottants est également instructive,

car elle se rattache à un point de la plus haute importance,
l'influence nocive que peut exercer un hôpital de varioleux
sur la santé des habitants du voisinage.

Au début, les hôpitaux du Conseil recevaient (dans des
pavillons isolés, bien entendu), tous les infectieux, y compris
les varioleux. Il s'éleva aussitôt des plaintes de la part des
propriétaires et des habitants voisins qui intentèrent des
procès à l'administration.

Ceux-ci donnèrent lieu à des enquètes dont la plus célè-
bre est celle de **M.** Power, à laquelle ce savant hygiéniste pro-
céda en 1882. Bien avant cette époque, les inspecteurs mé-
dicaux du *Local Government Board* (Ministère de l'Intérieur) avaient limité le nombre de varioleux à admettre dans
chaque hôpital, au chiffre de 50. Le rapport de M. Power apportait des raisons si concluantes en faveur des plaignants
que le Conseil jugea prudent de prendre des dispositions spéciales pour éviter les procès, tout au moins en temps ordinaire, alors que les cas de variole sont peu nombreux, quitte
à se servir de ses établissements urbains en cas d'urgence. De
là, la création d'hôpitaux sur des bâtiments déclassés : le
« *Castalia* » et l' « *Atlas* ».

Nous les avons décrits en détail dans un précédent rapport (1).

Baraquements pour les scarlatineux.

Quelques mots sur les baraquements pour les cas aigus.
A l'occasion d'une épidémie qui régna à Londres en 1887,
on dût, faute de place, recourir aux baraquements. A l'hôpital du Nord-Ouest, le premier fut construit en 9 jours ; le
second en 21 jours ; enfin cinq autres en 18 jours. Ces abris
mesuraient 33^{m}60 de longueur sur 7^{m}28 de largeur et 3^{m}60 de
hauteur. Chacun contenait 22 lits, à 53 mètres cubes et demi
par lit. Ventilés au moyen de tubes de Tobin et de 4 ventil-
lateurs Bayle, ils étaient chauffés par de simples poêles en
briques dont le médecin en chef, le Dr Gayton, eut beaucoup
à se louer. Les parois consistaient en planches imbriquées,
doublées de bois blanc teint et verni avec une interposition

(I) Voir Lutaud et Hogg, Hôpitaux d'isolement, page 63.

de matière feutrée. Ils comprenaient une annexe pour la cuisine, une autre pour salle de bains.

Ajoutons que tout linge sale était immédiatement plongé dans un récipient contenant une solution de sublimé au 1/5000°.

Cet accroissement de malades dans les établissements d'isolement ne signifie peut-être pas que la scarlatine atteignit en 1887 plus de personnes qu'au cours d'une année ordinaire.

Nous avons déjà fait remarquer que la mortalité avait été au-dessous de la normale. Il doit être plutôt mis sur le compte d'un arrêté ministériel qui autorisa, en juillet 1887, l'isolement des infectieux sur un simple certificat médical, sans autre formalité.

La plupart des médecins s'empressèrent d'user de facilités qu'ils n'avaient pas naguère et de faire isoler les malades auprès desquels ils furent appelés.

Sans doute le caractère de l'épidémie fut bénin ; mais on doit peut-être l'attribuer à ce fait que les malades furent traités pour la plupart dans les hôpitaux métropolitains dans des conditions on ne peut plus favorables.

Les médecins qui ont rendu compte des opérations pendant cette période, accompagnent leurs rapports de réflexions intéressantes.

C'est ainsi que le Dʳ Gayton fixe la période d'isolement pour les scarlatineux à 7 semaines à partir du début de la maladie. Il veut également que l'on attende quinze jours environ après la disparition de toute trace de desquamation et que l'on ne fasse aucune distinction entre les cas graves et les cas légers.

CHAPITRE V.

Les hôpitaux d'isolement disséminent-ils la maladie dans le voisinage.

Influence des hôpitaux de varioleux sur le voisinage.

Il résulte des travaux de M. Power que les cas de variole s'étaient toujours montrés plus nombreux aux environs des hôpitaux de varioleux qu'à des endroits situés à une certaine distance.

Par exemple, il a démontré que la circonscription de Hackney (où se trouve l'hôpital de Homerton) avait atteint, au point de vue de la fréquence de la variole, le 1ᵉʳ rang, tandis qu'elle n'était classée qu'au 25ᵉ pendant les 10 années précédentes ; que le district de Greenwich (hôpital de Deptford) du 12ᵉ rang avait passé au 3ᵉ ; le district de Lambeth (hôpital Stockwel) du 30ᵉ au 21ᵉ ; le district de Fulham du 26ᵉ au 14ᵉ.

L'auteur en infère que les hôpitaux de varioleux constituent des foyers de dissémination. Ses conclusions n'ont fait que se confirmer par les observations ultérieures.

A Liverpool et à Sheffield, on a pu leur reprocher les mêmes torts et il n'est plus douteux, aujourd'hui, qu'ils n'en soient cause.

L'épidémie de Sheffield, dont le rapport vient de nous être communiqué, a été étudié avec le plus grand soin par le Dʳ Barry, inspecteur départemental.

Il fournit des renseignements très précis que nous nous proposons de résumer plus loin.

Actuellement, l'administration envoie aux hôpitaux flottants tous les cas de variole qui se présentent, conformément à l'avis des médecins de tous ses hôpitaux. L'un d'eux, le Dʳ Sweeting, dans son dernier rapport annuel, met en garde le Conseil contre les revendications dont il pourrait être l'objet si des varioleux étaient confiés à ses soins. Il demande, en tout cas, que des ventilateurs Burdon Sanderson soient placés aux ouvertures des salles pour empêcher la dissémination des germes au dehors, conformément aux instructions de la commission royale instituée en 1882. Ajoutons que l'expérience n'a pas encore démontré l'efficacité de ce procédé.

Influence des hôpitaux de fiévreux sur le voisinage.

Les mêmes inconvénients sont-ils attachés aux hôpitaux affectés aux autres maladies contagieuses ?

Si les précautions nécessaires sont prises, il est permis de répondre hardiment par la négative.

La scarlatine, si meurtrière en Angleterre, la diphthérie, la fièvre typhoïde, n'ont présenté aucun exemple de contagion au dehors.

D'où vient que les avis soient encore partagés à l'étranger ? Probablement à un défaut de surveillance. A Saint-Pétersbourg, sur la proposition de la délégation médicale, le Conseil municipal de cette ville tout récemment (nov. 1889) a décidé le transfert au dehors de la ville de l'hôpital Alexandre, en raison de l'influence fâcheuse que ce centre de maladies contagieuses exerce sur la santé de la population du quartier.

Pour pouvoir juger le bien fondé de cette résolution, il faudrait posséder des renseignements sur la manière dont on pratique l'isolement en Russie. Laisse-t-on pénétrer dans l'hôpital les visites du dehors : le personnel le quitte-t-il sans s'assurer préalablement qu'il ne sert pas de véhicule à la contagion ?

A Londres, l'innocuité des hôpitaux autres que ceux de varioleux, est admise et, nous le répétons, voilà bientôt vingt ans que l'expérimentation se poursuit on sait sur quelle échelle.

L'épidémie de scarlatine à Londres en 1887.

Un coup d'œil sur les statistiques des fièvres contagieuses traitées à Londres que nous venons de donner permet de constater le nombre de scarlatineux de l'année 1887 : l'épidémie ne disparut que vers le milieu de l'année 1888.

Cette épreuve par laquelle passa l'administration des Asiles est particulièrement intéressante en ce qu'elle nous montre les ressources d'une organisation préétablie. Nous en décrirons les phases avec quelque détail.

Chose singulière : malgré le grand nombre de cas, la mortalité de l'année resta, en dépit de l'épidémie, au-dessous de la moyenne ordinaire. Ainsi Londres compta, en 1887, 1,447 décès dont 489 pour les hôpitaux des Asiles métropolitains, soit une moyenne de 0,34 pour 1,000 habitants, tandis que la moyenne des 10 années précédentes s'élève à 0,47 pour 1,000. — On pourrait croire que la mortalité a été plus grande pendant les 6 derniers mois de l'année, alors que l'épidémie était dans son plein. Il n'en est rien : de juillet à décembre 1887, il mourut 1,084 scarlatineux ; pendant les 10 années précédentes, la moyenne pour le même semestre a été de 1,185.

Il ressort de ce fait que la réunion d'infectieux, de scarlatineux tout au moins, n'augmente pas la mortalité.

Voici quelques détails sur cette épidémie.

Le 17 avril 1887, il n'y avait dans tous les établissements de Londres que 368 cas de scarlatine. Ils augmentèrent graduellement et le 30 juillet ils étaient au nombre de 593. On mit alors en état l'hôpital du Nord-Ouest, puis ceux du Sud-Ouest le 5 septembre ; enfin, le 17, l'hôpital du Nord pour les convalescents. Néanmoins, il devenait évident que la place allait manquer.

On éleva alors les baraquements que nous venons de décrire sur les terrains des hôpitaux du Nord-Ouest, de l'Est, du Sud-Ouest ; puis l'on aménagea l'hôpital de Plaistow, affecté aux malades du district de Poplar. Le 23 novembre où le maximum fut atteint, on compta jusqu'à 2,611 scarlatineux à la fois dans ces divers hôpitaux.

Mortalité pour la scarlatine selon les âges.

Le Dr Sweeting a observé que la majorité des décès par scarlatine a lieu chez les enfants âgés de 1 à 5 ans (Tableau D). La proportion est de 59 pour cent. Il n'y a eu qu'une seule mort sur 51 adultes.

TABLEAU D *donnant, pour la fièvre scarlatine la mortalité selon les âges sur 26,000 malades.*

AGES.	HOMMES.			FEMMES.			TOTAL.		
	Cas admis.	Décès.	Mortalité par cent.	Cas admis.	Décès.	Mortalité par cent.	Cas admis.	Décès.	Mortalité combinée par cent.
Au-dess. 5	3.562	813	22.82	3.525	733	20.79	7.087	1.546	21.81
5 à 10....	4.973	433	8.70	5.382	433	8.04	10.355	866	8.36
10 à 15....	2.043	93	4.55	2.326	106	4.55	4.369	199	4.55
15 à 20....	856	47	5.49	1.131	37	3.27	1.987	84	4.22
20 à 25....	398	17	4.27	608	22	3.61	1.006	39	3.87
25 à 30....	178	11	6.17	308	13	4.22	486	24	4.93
30 à 35....	111	9	8.1	155	12	7.74	266	21	7.85
35 à 40 ...	45	6	13.33	86	5	5.81	131	11	8.39
40 à 45....	27	5	18.51	29	1	3.44	56	6	10.71
45 à 50....	5	...	...	16	1	6.25	21	1	4.76
50 à 55....	10	1	10.00	10	...	...	20	1	5.00
55 à 60....	1	1	100.00	1	...	...	2	1	50.00
et au-des.	...	...	...	2	1	50.00	2	1	50.00
Totaux.	12.209	1.436	11.76	13.579	1.364	10.04	25.788	2.800	10.85

La rougeole intercurrente chez les convalescents de scarlatine tend à augmenter la mortalité infantile ; elle se propage parmi eux par suite d'erreurs de diagnostic. Aussi le Dr M. Combie engage-t-il vivement l'administration à prendre toutes les mesures nécessaires pour assurer l'isolement effectif des rubéoleux. C'est une recommandation dont il est urgent de tenir compte.

Le Dr Bruce cite deux cas de variole survenus chez des scarlatineux dont l'étiologie est intéressante. Il l'attribue à l'usage des jouets contaminés. Aussi est-il d'avis de ne jamais donner aux malades que des jouets neufs.

Inconvénients du licenciement du personnel.

Tous les médecins directeurs sont unanimes à recommander le maintien du personnel en tout temps. A leur avis, la coutume de le licencier lorsque l'affluence des malades diminue ou cesse, est absolument défectueuse. Non seulement il est impossible de se procurer au moment nécessaire des infirmières ayant les qualités exigées, mais encore on voit se développer parmi les nouvelles une léthalité excessive. En 1888, 184 membres du personnel ont été atteints à divers degrés, donnant un total de 4,661 journées de maladie. On note 20 cas de scarlatine, 6 de rougeole, 6 de diphthérie, 12 de fièvre typhoïde dont 1 décès, etc.

———

CHAPITRE VI.

L'isolement des infectieux dans les petites villes.

Les comtés ne sont pas restés en arrière dans ce grand mouvement qui porte les Anglais à protéger la vie et la santé des individus par des mesures prophylactiques. Les centres populeux n'ont pas tardé à suivre l'exemple que leur donnait la capitale. Les petites villes et les villages ont également cherché à contracter à leur tour une assurance pour ainsi dire contre les ravages des maladies contagieuses. Ce sont les mesures que ces derniers ont prises dont l'examen est d'un intérêt particulier.

Plusieurs petits villages dont les habitants sont trop peu nombreux pour supporter séparement la dépense d'un hôpital d'isolement, s'entendent entre eux et organisent, à frais communs, un établissement qui leur servira suivant les besoins de chacun.

C'est généralement une maison, un cottage bien isolé, habité par un ménage sans enfants, dont on fait choix. Ce ménage le plus souvent soignera les malades.

D'autres fois, les localités étant plus importantes (de 10 à 15.000 habitants) on construit, toujours dans un site placé à une certaine distance des autres habitations, des petits hôpitaux pouvant contenir de 4 à 12 malades.

Ces hôpitaux sont disposés de manière à séparer les sexes et même à isoler des malades atteints d'affections contagieuses de nature différente.

Nous avons examiné en Angleterre les types les plus intéressants de ces hôpitaux dans nos précédents rapports ; un assez grand nombre de plans ont été publiés (Hôpital d'Ealing, 4 lits ; hôpital d'Albury, 16 lits ; Hôpital de Weymouth, 12 lits ; hôpital de Lewes, 12 lits ; hôpital de Warington, 24 lits, de Tunbridge 12 lits ; etc., etc). Depuis cette époque (1885) de nouveaux perfectionnements ont été

MODÈLES D'HOPITAUX D'ISOLEMENT

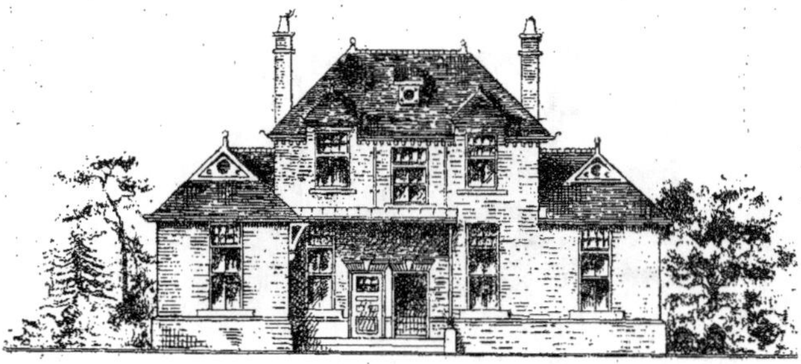

ELEVATION.

Figure 1. — Hôpitaux d'isolement pour les petites villes. Façade d'un hôpital de 4 lits. Il existe une façade semblable en arrière et chaque façade possède des ouvertures indépendantes qui permettent de diviser ce petit bâtiment en deux parties isolées contenant chacune deux lits.

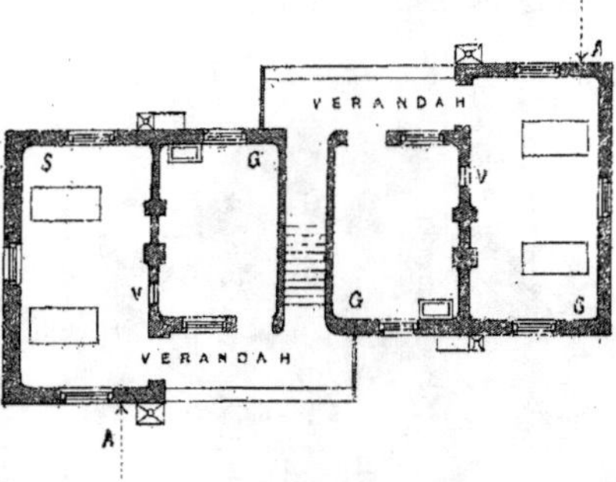

Figure 2. — Plan d'un pavillon d'isolement de quatre lits. S, S, Salles de deux lits; G, G, Chambres de l'infirmerie mise en communication avec la salle des malades par un judas V. La ligne pointillée A indique l'éloignement qui doit exister entre ce pavillon et les autres bâtiments. On remarquera que ce petit pavillon peut être divisé en deux sections de deux lits chacune.

cherchés et obtenus. On s'est efforcé de ramener à sa plus grande simplicité le type de l'hôpital d'isolement pour les petites villes, se basant sur ce fait qu'ils peuvent rester fermés pendant certaines périodes de l'année, c'est-à-dire lorsqu'il n'y a dans la ville aucune maladie contagieuse, ce qui est heureusement possible et même fréquent. Mais ce n'est pas une raison, parce que la ville peut rester six mois et plus sans être visitée par une épidémie, pour être désarmée au moment où cette épidémie peut survenir à l'improviste et sévir avec intensité. L'importance d'avoir toujours à sa disposition un petit hôpital d'isolement est encore démontrée par ce fait qu'il suffit souvent d'isoler les deux ou trois premiers cas pour éviter l'extension d'une épidémie qui aurait coûté la vie à un grand nombre de personnes.

Nous avons aujourd'hui la bonne fortune de pouvoir publier, grâce à l'obligeance du *Local government board*, les types les plus récents proposés pour les petits hôpitaux d'isolement applicables aux petites villes. C'est ainsi que nous donnons les plans et l'élévation d'un hôpital de 4 lits ; puis d'autres plans d'établissements plus importants de 6, 8, 10 et 12 lits.

Un intervalle de 13 mètres est partout, dans les petits hôpitaux, laissé entre les constructions et l'enceinte extérieure.

Ce rayon ne doit jamais être diminué et, si la construction de baraquements est prévue, les autorités sanitaires recommandent de s'assurer qu'il y aura toujours le même espace entre elles et l'enceinte.

Il est sans doute difficile de fixer à l'avance, pour chaque ville, le nombre de lits qu'il convient de réserver pour les malades contagieux. On peut cependant établir approximativement ce nombre en consultant les statistiques antérieures et en se basant sur la population que les petits hôpitaux sont appelés à desservir.

Autre système d'isolement.

Nous avons dit plus haut que lorsque l'importance de la population et les ressources de la municipalité ne permettaient même pas de construire le type de 4 lits dont nous

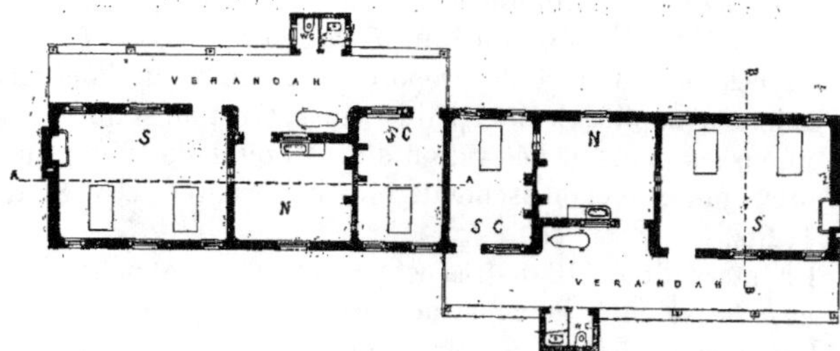

Figure 3. — Pavillon d'isolement pour 6 lits divisé en 2 parties pouvant à volonté être isolées ou réunies. S, S, Salles de malade; SC, SC, Chambres d'isolement. Entre les deux se trouve la chambre de l'infirmerie N, mise en communication avec les chambres de malades par un vasistas.

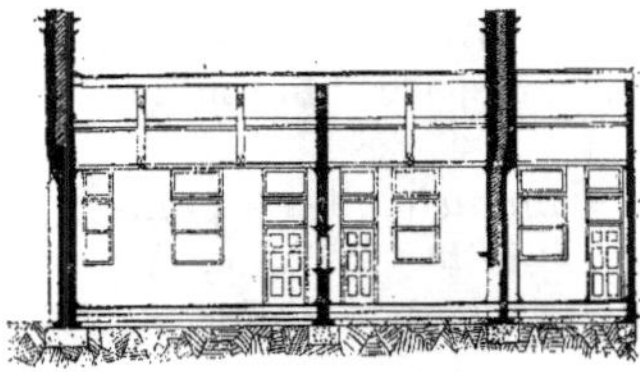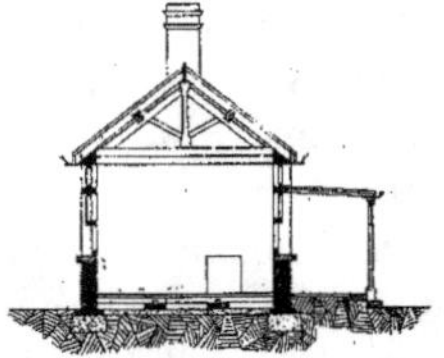

Figure 4. — Pavillon d'isolement pour 6 lits. Coupe du plan représenté dans la figure 3 par la ligne pointillée AA.

venons de donner le plan, les anglais adoptent souvent un
système plus simple encore qui consiste à louer un certain
nombre de pièces dans une maison isolée habitée par un
ménage sans enfants. Ces deux ou trois pièces sont convenablement aménagées et meublées pour pouvoir recevoir
trois ou quatre malades infectieux. Le ménage qui habite
la maison est dressé pour soigner ces malades ; le matériel
nécessaire aux premiers soins est constamment dans la
maison qui a été l'objet d'une visite spéciale au point de vue
de l'aménagement hygiénique. On peut ainsi organiser sans
déplacer aucun capital, un petit hôpital dont l'entretien ne
devient onéreux que lorsqu'il est occupé, c'est-à-dire lorsque il est absolument nécessaire.

Il va sans dire que les maisons ainsi adoptées pour hospitaliser les contagieux doivent toujours être éloignées
autant que possible du centre de l'agglomération habitée.
Cette précaution devient alors indispensable s'il s'agit d'hospitaliser des varioleux. Nous avons déjà dit que pour les
affections contagieuses autres que la variole il suffit que
l'isolement soit assuré au moyen d'un espace libre mesu-
rant au moins 13 mètres.

Il conviendrait donc d'engager les municipalités à prendre dès maintenant ces précautions d'utilité publique. Au
moment du besoin, lors de l'apparition de la maladie ou
d'une épidémie, l'isolement ne rend pas tous les services
qu'on est appelé à en attendre.

Les premiers cas sont des foyers de propagation et le
temps perdu se traduit par des existences perdues.

De plus, au point de vue économique, les installations
hâtives et partant les constructions élevées rapidement sont
plus onéreuses et infiniment moins bien exécutées.

Il est donc désirable que les municipalités françaises fas-
sent preuve de prévoyance en prenant d'avance les mesures
que nous venons d'indiquer.

MODÈLES D'HOPITAUX D'ISOLEMENT

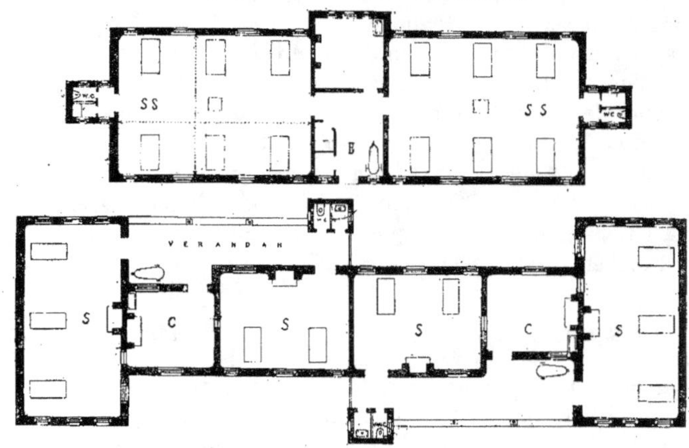

Figures 5 et 6. — Petits pavillons de 10 lits et 10 lits (Fig. 5)…

CHAPITRE VII.

Relation d'une épidémie de variole en Angleterre. Immunité due à la vaccination.

La ville de Sheffield a été en proie à une véritable épidémie de variole en 1887 et en 1888. Pendant ces deux années, aucune ville de la Grande-Bretagne n'a compté un si grand nombre de décès par cette affection. Il y eut bien quelques cas à Prestwich et à Preston, mais incomparablement moins nombreux qu'à Sheffield.

La maladie débuta au commencement de 1887, simultanément dans deux faubourgs de la ville, sans parvenir à la connaissance des autorités sanitaires ; elle fut d'abord considérée comme très bénigne, beaucoup de malades ne réclamant pas les soins du médecin. On arriva ainsi au mois de mai : huit cas, à ce moment, avaient été isolés à l'hôpital spécial de la ville. En réalité, ainsi que l'enquête ultérieure le démontra, il en existait déjà 32.

Transmission de la variole en dehors de l'hôpital.

Cet hôpital, d'après la distribution des cas en juin et surtout en juillet, fut véritablement un foyer de propagation. On s'en rend très clairement compte par le plan annexé au rapport du Dr Barry. Durant la première quinzaine de juillet, on constata 60 nouveaux cas dans des habitations placées à diverses distances de cet hôpital, et cela dans la progression suivante.

Distance :   300^m 300 à 600 600 à 900 900 à 1200 Plus loin.
Cas p. 0/0 : 1.75   0.50   0.14   0.05   0.02

On peut donc considérer l'hôpital municipal comme un des facteurs de l'épidémie à partir du moment où les malades y furent réunis.

Cette hypothèse est encore appuyée par ce fait que celle-ci

diminua et disparut complètement lorsque les malades furent transportés à un nouvel établissement, à 5 kilomètres de la ville.

Certes il faut admettre que l'épidémie était à ce moment à son déclin ; mais il est toutefois permis de supposer que cette mesure ne fut pas étrangère à l'événement.

Le nombre de varioleux s'éleva à 6,088 cas parmi lesquels 590 succombèrent.

La population de Sheffield est de 316,288 habitants.

Influence de la vaccination.

Nous ne saurions terminer sans rapporter les intéressantes observations auxquelles cette épidémie a donné lieu en ce qui concerne ses rapports avec la vaccination.

Léthalité chez les enfants au-dessous de 10 ans, vaccinés	5	p^r 1.000
Léthalité chez les enfants non-vaccinés	101	»
Mortalité chez les enfants au-dessous de 10 ans, non vaccinés	44	»
Mortalité chez les enfants au-dessous de 10 ans, vaccinés	0.09	»
Léthalité chez les enfants au-dessous de 10 ans, habitant les maisons contaminées : non vaccinés	869	»
Léthalité chez les enfants au-dessous de 10 ans, habitant les maisons contaminées : vaccinés	78	»
Mortalité des enfants non vaccinés	381	»
» » vaccinés	1	»
Léthalité chez les adultes non vaccinés	94	»
» » » vaccinés	19	»
» » » vaccinés 2 fois	3	»
Mortalité chez les non vaccinés	51	p^r 1.000
» » vaccinés	1	»
» » vaccinés 2 fois	0.08	»
Léthalité chez les adultes habitant des maisons contaminées, non vaccinés	686	»

Léthalité chez les adultes habitant des maisons contaminées, vaccinés............. 281 p 1.000
Mortalité : non vaccinés.................. 371   »
    »   vaccinés..................... 14   »

En prenant la population entière, on trouve qu'il y a eu
97 pour mille de cas chez les non vaccinés et 15,5 chez les
vaccinés et que la mortalité a été respectivement de 48 et de
0,7.

Par conséquent, pendant l'épidémie, il a été prouvé que
les vaccinés avaient 6 fois plus de chance de n'être pas atteints et 64 fois plus de ne pas succomber à la variole que
les non vaccinés.

Quant à la gravité de la maladie, la variole confluente
s'est produite dans la proportion de 81,5 sur cent malades
non vaccinés et de 17.2 0/0 seulement sur les vaccinés. Ces
chiffres pour les enfants ressortissent respectivement à 9
et 78.

Il est à noter que des 81 personnes employées à l'hôpital
et revaccinées avec succès, aucune ne contracta la maladie.

La protection due à la vaccination se fait naturellement
sentir plus vivement chez les enfants que chez les adultes,
la période d'immunité n'étant pas le plus souvent dépassée.
Elle est, d'autre part, manifeste chez les individus revaccinés
qui, dans ce cas, acquièrent l'immunité des enfants récemment vaccinés.

On voit de quelle importance est la vaccination ; on doit
la pratiquer même chez les individus ayant eu la variole.

Le Dr Birwood, médecin des hôpitaux flottants de Londres, rapporte en effet qu'il a revacciné avec succès 11 personnes sur 13 qui portaient des cicatrices ; mais l'époque de
la maladie remontait toujours à plus de 10 ans.

Quant aux revaccinations suivies de succès sur des individus chez qui l'opération avait déjà réussi antérieurement, il
les a constatées à toute époque, même après une seule année
d'intervalle.

En résumé, ce qui frappe surtout dans les statistiques que

nous venons de rapporter, c'est la faible mortalité des enfants
vaccinés. comparée à celle des non vaccinés ; elle est comme
1 est à 480. En chiffres, la vaccination a épargné la vie de
4,393 et la santé de 6,647 enfants.

Pour les adultes, dont les décès ont été au nombre de
368, la mortalité se serait élevée à 10,000 si aucun d'eux
n'avait été vacciné.

On nous pardonnera de nous être étendus si longuement
sur une épidémie de variole, sujet qui pourrait paraître s'é-
loigner un peu de celui que nous traitons. C'est qu'en dehors du vif intérêt qu'elle présente au point de vue de la
preuve mathématique qu'elle apporte pour ainsi dire en faveur de l'immunité que procure la vaccination, cette rela-
tion est encore remarquable par les faits précis qu'on a pu
observer relativement à l'influence d'un hôpital de varioleux
sur la léthalité du voisinage.

Ce point peut être d'ores et déjà considéré comme acquis.
Les varioleux seront hospitalisés à distance de toute habitation. Quelle doit être cette distance ? Le *Local Government
Board* conseille de laisser un espace de 13 mètres entre les
bâtiments et le mur d'enceinte, que ceux-ci contiennent les
salles de malades, ou les services accessoires ; mais cette ob-
servation ne s'applique qu'à des affections contagieuses
autres que la variole.

Cet espace de 13 mètres ne semble donc pas suffisant pour
les varioleux. On a vu la contagion s'étendre à Londres à
des distances de 1,500 et 2,000 mètres d'un hôpital d'isolement. Mais, comme il s'agit d'une ville, on peut toujours se
demander si le contage n'a pas été transporté indirectement.
A Aubervilliers, où quelques cas se sont produits dans une
fabrique des environs, la preuve n'est pas non plus con-
cluante. On n'aura de données satisfaisantes que lorsque
un établissement isolé de toutes parts avec un service intérieur rigoureusement réglementé, aura fourni des observations positives.

CHAPITRE VIII.

Transport des contagieux à Londres.

On sait à quel état de perfection est arrivé, à Londres, le transport des infectieux.

Nous l'avons fait connaître dans tous ses détails dans un rapport déjà cité.

Il nous suffira de quelques chiffres statistiques pour faire saisir l'importance que ce service s'est acquise dans ces dernières années.

Transport par l'eau.

En raison de l'existence d'hôpitaux flottants sur la Tamise, on a recours à des vapeurs spéciaux pour le transport des varioleux par eau ; ceux-ci n'ont été, en 1888, qu'au nombre de 62.

Transport par terre.

Les transports par terre dans les voitures d'ambulance ont atteint, par contre, le chiffre de 5,550 dont ont profité 10,655 personnes.

Ils se décomposent comme suit :

de leur domicile à l'hôpital	5.050
aux hôpitaux de convalescence	2.455
de l'hôpital de convalescence à un hôpital de Londres	2.710
de l'hôpital à leur domicile	301
de leur domicile au quai d'embarquement	64
des hôpitaux » » »	62
des hôpitaux et des quais de débarquement à leur domicile	13
Total	10.655

(PERSONNES TRANSPORTÉES)

Nous voyons que 2,710 personnes se sont fait conduire de l'hôpital de convalescence, situé à une certaine distance de Londres, à un hôpital de la ville avant de regagner leurs foyers.

Celles-ci ont préféré ne pas être reconduites chez elles par la voiture de l'hôpital.

Il est également arrivé que les parents préfèrent venir chercher leurs enfants à un hôpital de Londres où on les leur remet que de se déplacer pour les recevoir aux hôpitaux de convalescence.

Des mesures sont prises pour que le court séjour que fait le convalescent dans les murs d'un hôpital d'aigus soit aussi inoffensif pour eux que possible.

| On ne les reçoit que dans la partie du bâtiment affectée aux malades sortants : on leur fait prendre un bain, changer de vêtements, enfin prendre toutes les précautions que l'hygiène commande.

Récapitulant les exercices écoulés depuis 1881, nous voyons que de cette date à fin 1888 les voitures d'ambulance ont effectué 60,864 transports et les bateaux à vapeur 27,617.

Dépenses du service des transports.

Les frais du service de transport de terre se sont montés pour l'année 1888 à 167,000 fr.

Pour celui de la Tamise, à 116,000 fr.

Ce dernier chiffre paraît exorbitant eu égard au petit nombre de malades (62 varioleux) qui y ont donné lieu.

Il semble que l'administration anglaise n'ait peut-être pas procédé avec toute l'économie désirable (18,000 fr. par malade).

Ces dépenses peuvent être taxées d'excessives si on les applique à l'année 1888 où il n'existait pas d'épidémie ; mais elle n'était pas déraisonnable pour les années 1884 et 1885, où plus de 6,000 varioleux ont été transportés. Si l'administration a maintenu ses cinq vapeurs sur un pied d'activité, c'est qu'elle veut être prête contre tout événement imprévu et ne pas se trouver désarmée au cas où une nouvelle épidémie viendrait à sévir.

Quoi qu'il en soit, nous ne saurions ménager notre admiration pour la libéralité d'un peuple qui sait faire de tels sacrifices à l'hygiène publique. Il faut que la conviction de nos voisins soit bien profonde pour engager de telles sommes et même pour s'exposer aux critiques que ces dépenses ne peuvent manquer de provoquer.

C'est à ce point de vue qu'il faut se placer si l'on veut retirer des doctrines scientifiques tous les avantages qu'il est permis d'attendre de la pratique.

Nous avons donné dans notre ouvrage sur les hôpitaux d'isolement publié en 1886 des détails très précis sur le transport des varioleux.

CHAPITRE IX.

Le transport des contagieux à Paris.

Le service du transport des contagieux n'a guère commencé à Paris qu'en 1881. Il existait alors trois voitures, du modèle de celles adoptées à Bruxelles, à la disposition du public. Deux étaient remisées à l'Hôtel-Dieu et une à l'hôpital Saint-Louis. Sur une demande adressée à un commissaire de police, la voiture se transportait à l'adresse indiquée pour mener le malade à l'hôpital le plus voisin.

En 1884, le Préfet de Police acheta dix fiacres qu'il aménagea spécialement : toutes les étoffes, cuirs, etc., de l'intérieur furent enlevés et les parois peintes entièrement à l'huile. On y installa un siège, une banquette, un appui, de manière à rendre ces voitures aussi confortables que possible. Un marché passé avec un loueur assure le service des chevaux. Ces fiacres sont remisés dans un local situé 51, rue de Dombasle, et qui est relié téléphoniquement à la Préfecture de police.

Stations de voitures d'ambulances.

Enfin, il y a quelques mois à peine (octobre 1889), fut inaugurée la première station de voitures d'ambulances destinées aux malades atteints d'affections contagieuses, en exécution des délibérations prises par le Conseil municipal (17 juin 1887, 13 avril 1888, et 19 juin 1889).

Le Conseil avait décidé, en effet, la création, rue de Staël et rue de Chaligny, de deux stations de voitures spéciales. Elles sont aujourd'hui complètement terminées et celle de la rue de Staël, la voie récente percée parallèlement au boulevard de Vaugirard, est dès maintenant en état de fonc-

tionner. Elle desservira les 6e, 7e, 14e, et 15e arrondissements et pourra étendre son action sur les arrondissements
limitrophes.

Sur les douze voitures commandées, cinq sont déjà cons-
truites. Chacune coûtera 2.700 fr. ; elle contient un brancard
et en outre un siège en métal flexible pour une infirmière
qui assistera les contagieux pendant le transport.

Un appareil en caoutchouc permet à l'infirmière de communiquer avec le cocher, de lui donner des ordres. Le brancard est articulé et confectionné de façon à pouvoir circuler
dans un escalier étroit. Le malade peut être descendu de chez
lui assis ou couché.

Chaque voiture a sa destination spéciale ; une sert au
transport des typhiques, une autre à celui des varioleux, une
troisième aux diphthéritiques, etc. La voiture sort par une
porte pour rentrer par un autre côté du bâtiment où se
trouve une étuve à désinfection. Après chaque opération,
en effet, les voitures sont soigneusement désinfectées. Le
personnel est également astreint à des précautions hygiéni-
ques rigoureuses.

Des téléphones relient la station de la rue de Staël avec
l'hôpital des Enfants-Malades et celui de la rue de Chaligny avec l'hôpital Trousseau.

Fonctionnement du service.

D'après les règlements, au premier avertissement par-
venu au chef de la station, soit par une communication
verbale, soit par le télégraphe ou le téléphone, une voiture est immédiatement envoyée au domicile du malade ;
mais celui-ci ne sera admis dans la voiture et conduit à l'hôpital que si un certificat, rédigé par le médecin traitant, a
permis à l'infirmière de s'assurer du caractère infectieux
de la maladie. Deux infirmières restent en permanence à la
station.

Il faut applaudir sans réserve à ces excellentes mesures et souhaiter que l'usage des voitures spéciales que l'administration met si intelligemment à la disposition du public se répandra rapidement. C'est aux médecins d'en vul-

gariser la connaissance et à combattre les préjugés qui pourraient exister contre ce mode de transport. C'est même pour
eux, comme le disait un de nos confrères, le Dr Duchesne,
dans une communication sur le sujet qui nous occupe, à la
Société de médecine pratique, un cas de conscience de faire
connaître au public ce service dont on ignore trop l'existence.

Désinfection des voitures.

Il serait bon, ajoutait-il avec raison, de demander que
toute voiture de place ayant conduit à l'hôpital un malade
atteint d'affection contagieuse, fût immédiatement mise en
fourrière, soigneusement désinfectée et ne fût, qu'après
cette précaution indispensable, rendue à la circulation. Le
Dr Duchesne rapporte que, dans un seul semestre, 199 varioleux ont été transportés en voitures de place et ces voitures,
continuant leur service toute la journée, ont pu infecter nombre de personnes. « Est-il possible, demande-t-il, que nous
puissions être exposés, à chaque instant de la journée, nous
et nos enfants, à contracter la variole et la diphthérie alors que
grâce au transport par les voitures spéciales et immédiatement désinfectées, nous sommes à l'abri de tout dan-
ger (1). »

La loi anglaise est très sévère pour ce genre de délit :
une première infraction est punie d'une amende de 125 fr.
(Public Health Act., art. 127). Il stipule que : « Tout proprié-
taire ou cocher de voiture publique devra, dès qu'il aura
connaissance qu'il a transporté une personne atteinte de
maladie contagieuse prendre immédiatement des mesures
pour la désinfection de sa voiture » (2).

Il serait à désirer que des mesures légales fussent également édictées en France, stipulant notamment pour le voya-
geur l'obligation de déclarer au cocher la nature de sa maladie, et laissant à ce dernier la liberté de le prendre ou de
le refuser, comme il est dit dans la loi anglaise.

(1) *Journal de médecine de Paris*, 22 juillet 1888.
(2) *La Médecine publique en Angleterre*, par le Dr W. Douglas Hogg.
1 vol. 200 pages. Paris, 1882, G. Masson.

En somme, l'administration municipale parisienne a fait son devoir. Il est à souhaiter que les municipalités provinciales suivent cet exemple et que la réforme passe enfin de l'état administratif à l'état pratique, c'est-à-dire qu'elle pénètre dans les mœurs.

CHAPITRE X.

L'Isolement des infectieux à Paris.

Actuellement l'isolement est appliqué à Paris dans une certaine mesure : les services en exercice dans les hôpitaux sont les suivants :

1° ADULTES.

Saint-Antoine. — Anciens bâtiments, service d'érysipélateux, 12 lits.
Scarlatineux et rubéoleux 60 lits.
Pavillon Moïna, 7 chambres pour diphthéritiques.

Beaujon. — Erysipélateux, 10 lits.

Lariboisière. — Un pavillon composé de chambres isolées est affecté au traitement de l'érysipèle, de la scarlatine et de la diphthérie.

Aubervilliers. — Varioleux, 184 lits. — Cet hôpital ne comporte que des baraquements construits sur les glacis des bastions n°ˢ 30 et 31, près de la porte d'Aubervilliers. Affecté depuis le mois de juin 1887 à un service de varioleux, il n'est que provisoire et devra être supprimé à bref délai, attendu qu'il est construit sur des terrains dépendant des fortifications de Paris.

2° ENFANTS.

Trousseau. — Diphthéritiques 28 lits.
Rubéoleux. — Pavillon d'Alègre.
Scarlatineux. — Pavillon en construction.

Enfants-Malades. — Diphthéritiques. — 24 lits.
Rubéoleux. — 35 lits.
Douteux. — En construction.

Enfants-Assistés. — Trois pavillons pour les diphthéritiques, les rubéoleux et les douteux.

Ces renseignements, que nous puisons dans un travail intitulé : « L'Assistance Publique à Paris en 1889 », et qui a figuré à l'Exposition, fait connaître très exactement la situation actuelle. Il nous permet de constater avec satisfaction une première application du principe de l'isolement. Nous ne chercherons pas à pénétrer dans les détails de son application. Ces innovations sont encore trop récentes pour que l'on puisse exiger qu'elles soient parfaites. La critique risquerait d'être injuste. Si les réformes que nous préconisons aujourd'hui étaient appliquées comme celles que nous formulions en 1884, et dans le même délai, nous nous tiendrions pour récompensés de nos efforts au delà de nos espérances.

Quelques projets ont été proposés pour placer la ville de Paris sous un régime analogue à celui qui fonctionne à Londres et que nous avons été des premiers à porter à la connaissance du public médical français. Mais ils pèchent tous par leurs complications et les entraves qu'ils apporteraient à notre Assistance publique actuelle. En un mot, ils nous semblent peu conformes avec nos mœurs hospitalières et leur application entraînerait à des dépenses hors de proportion avec les services qu'ils rendraient.

Projet de la commission municipale de Paris.

A la suite de notre premier rapport, publié en 1885, le Conseil municipal de Paris se décida à étudier lui-même, *sur place*, cette importante question de l'isolement. Plusieurs membres de cette corporation se rendirent à Londres où ils virent fonctionner le système anglais.

Ils en revinrent enthousiasmés et le rapport publié au nom de la commission 1888, par le rapporteur M. Chautemps,

semble vouloir adopter pour Paris le système anglais en
l'exagérant même sur plusieurs points. Les conclusions de ce
rapport, approuvées par le Conseil municipal de Paris dans
la séance du 17 juin 1887, nous paraissent devoir subir quelques critiques.

En premier lieu le Conseil municipal de Paris propose de
construire, en dehors de l'enceinte des fortifications, c'est-à-
dire à des distances variant de 6 à 10 kilomètres du cœur de
Paris, des hôpitaux spéciaux pour quatre catégories de malades : les *diphthéritiques*, les *rubéoleux*, les *teigneux* et
les *varioleux*.

Examinons rapidement chacune de ces catégories.

Diphthéritiques.

I. — Pour les *diphthéritiques*, nous condamnons d'une
façon absolue le système qui consiste à les éloigner hors de
la capitale. Nous donnons pour cela plusieurs raisons. En
premier lieu l'enfant atteint de croup a besoin de soins im-
médiats.

Une heure de retard peut souvent entraîner la mort. La
plupart des enfants diphthéritiques sont d'abord soignés dans
leur famille et ce n'est que lorsque la trachéotomie est ur-
gente qu'ils sont amenés à un des hôpitaux spéciaux (Hôpital des enfants, Hôpital Trousseau) où le personnel (médecins et internes) est particulièrement exercé pour le traitement de cette affection. Nous pensons donc qu'il y aurait
non seulement des inconvénients, mais encore des dangers à
construire hors de Paris, sur la commune de Gentilly, un
hôpital spécial pour les diphthéritiques.

En outre, l'expérience acquise en Angleterre a démontré,
ainsi que nous l'avons déjà dit, qu'il n'est pas absolument
nécessaire de construire des hôpitaux spéciaux pour cette
catégorie de malades. Il suffit d'un pavillon spécial, situé à
13 mètres des autres habitations pour amener un isolement
convenable. C'est surtout dans le *personnel de service* qu'il
faut assurer l'isolement.

Rubéoleux.

II. — La commission municipale propose également la construction d'un hôpital d'isolement pour les *rubéoleux* hors de Paris, à 1,800 mètres de la porte d'Ivry. Nous croyons également que cette dépense n'est pas nécessaire. Voici pour quelles raisons.

De même que le diphthéritique, le rubéoleux est rarement transportable à longue distance. Pendant la période d'incubation et avant l'éruption la maladie se révèle simplement par une hyperthermie qui est commune à toutes les fièvres éruptives. Si le malade est transporté pendant cette période, c'est-à-dire avant que le diagnostic précis soit établi, on risque de commettre une erreur regrettable et à placer un simple rubéoleux au milieu de varioleux ou de scarlatineux, ce qui entraîne à de nouveaux déplacements à longue distance.

Si, au contraire, on attend que l'éruption soit confirmée pour faire subir à un enfant le long trajet qui sépare son domicile de la commune d'Ivry, on s'expose aux complications *a frigore* qui sont plus redoutables pour les enfants que la rougeole elle-même.

Nous pensons donc qu'il suffit d'affecter pour les rubéoleux un pavillon spécial dans chacun des hôpitaux d'enfants, en se plaçant dans les conditions d'isolement que nous avons spécifiées plus haut.

Teigneux.

III. — En ce qui concerne les *teigneux,* nous n'avons pas les mêmes critiques à formuler. Si l'administration municipale trouve quelque économie à placer les teigneux dans un hôpital construit spécialement à leur usage sur la commune de Créteil, nous n'y voyons aucun inconvénient. L'isolement tel que nous l'avons étudié et préconisé ne s'applique qu'aux maladies infectieuses où son application présente des difficultés. Les teigneux et les galeux ne sont pas, proprement dits, des infectieux ; ils peuvent être transportés facilement à toutes les périodes de leur maladie. Les conditions d'isolement qu'ils nécessitent ne peuvent être assimilées à celles que nous avons étudiées pour les diphthéritiques et les rubéoleux. Ce sont des maladies chroniques, non fébriles, qu'on peut isoler et traiter facilement.

Varioleux.

IV. — Pour les *varioleux*, le Conseil municipal a accepté le principe de l'isolement absolu tel qu'il est appliqué en Angleterre ; mais là encore il nous paraît avoir dépasse le but. Le rapport de la commission propose la création hors de Paris de deux hôpitaux spéciaux : l'un à Bobigny, l'autre à Gentilly, puis un camp de convalescence à Créteil. C'est, en un mot, une copie de ce qui s'est fait en Angleterre pendant ces dix dernières années.

Or il est bon de copier les voisins lorsqu'ils font bien, mais il est parfois utile de profiter de leur expérience. On évite ainsi parfois des déboires coûteux. Nous avons exposé dans la première partie de ce travail les résultats obtenus en Angleterre où des sommes énormes ont été englouties pour l'aménagement et la construction de baraquements, de tentes élevées dans le camp de convalescence de Darenth. Ces résultats n'ont pas donné ce qu'on en espérait et on a dû renoncer, après une coûteuse expérience, au système de campement.

Systèmes applicables à Paris.

Que faut-il donc faire à Paris ? Créer un hôpital spécial pour les varioleux hors Paris et dans un point aussi isolé que possible des centres habités. Si l'hôpital d'Aubervilliers pouvait être maintenu, la solution serait trouvée. Il s'agit de le reporter sur des terrains où il pourra demeurer à l'état permanent, et devra comporter environ le même nombre de lits. Ce chiffre serait suffisant pour répondre aux besoins ordinaires, la moyenne des varioleux à hospitaliser ne dépassant guère 20 à 40 par jour. En temps d'épidémie, on élèverait des baraquements sur l'emplacement préparé en vue de cette éventualité dans l'enceinte de l'hôpital permanent.

Il nous paraît inutile d'engager les finances de la ville pour la construction d'un second hôpital de varioleux qui aurait, entre autres inconvénients, celui de créer un nouveau centre d'infection au sud de Paris.

Hôpitaux de convalescence pour les malades contagieux.
Campements.

La même remarque peut être faite pour le *camp* de convalescence projeté à Créteil. Le système de campement pour les convalescents est condamné. Ce qu'on peut conseiller, c'est la création d'un hôpital ou d'une maison de convalescence où les varioleux pourraient séjourner pendant la période de desquamation qui est reconnue la plus dangereuse, et encore cet hôpital de convalescents ne serait utilisé qu'en temps d'épidémie alors que l'hôpital serait insuffisant.

Le besoin d'hôpitaux de convalescence est d'ailleurs hors de doute : on l'a vu pendant la récente épidémie d'influenza. La maison de Nanterre de 500 lits mise par le ministère de l'intérieur à la disposition de l'Assistance Publique a rendu d'incontestables services et il est à désirer que cette affectation soit maintenue. Son utilité est d'autant moins contestable qu'il renferme, à l'heure où nous écrivons, et bien que l'épidémie ait disparu, encore plus de 400 malades (février 1890).

On sait que l'Assistance Publique de Paris possède actuellement deux hôpitaux de convalescence, à Charenton et au Vésinet, où les malades ne peuvent être admis qu'après avoir séjourné dans les hôpitaux généraux. Si la maison de Nanterre est maintenue à sa destination actuelle, ce qui est fort à désirer, cela permettra d'éloigner un plus grand nombre de chroniques de nos services du centre et augmentera d'autant le nombre de lits disponibles pour les malades aigus.

Un hôpital de convalescence spécialement affecté aux infectieux rendrait également d'incontestables services en permettant de restreindre le nombre de pavillons d'isolement pour les cas aigus non transportables.

Telles sont les critiques sommaires qui nous paraissent devoir être faites concernant les projets de l'Administration. Nous nous empressons, du reste, de reconnaître que nos édiles ont fait les plus louables efforts pour organiser de bons services d'isolement et il y a tout lieu d'espérer que, dans quelques années, Paris n'aura rien à envier à Londres sous ce rapport.

CHAPITRE XI.

Propositions et conclusions.

Pour résumer notre appréciation sur les mesures applicables à Paris, nous dirons avec M. le professeur Brouardel : « La création d'hôpitaux hors Paris ne pourra pas dispenser l'administration d'organiser des pavillons d'isolement pour les malades non transportables et, pour moi, la solution simple serait l'organisation, aussi complète que possible, de ces quartiers absolument séparés.

Je crains que la formule dans laquelle M. Chautemps a résumé les mesures qu'il conseille et qui est : les *contagieux hors Paris*, est excessive, pleine d'inconvénients à cause des transports ; je crains qu'elle n'entraîne à créer des hôpitaux hors Paris peu utilisables, en faisant négliger les mesures efficaces pour les quartiers de contagieux dans les hôpitaux de Paris que l'on ne pourra supprimer. »

Nos travaux sur l'isolement des infectieux remontent à 1884 et nous sommes heureux de voir nos conclusions pratiques confirmées par l'éminent doyen de la faculté de médecine de Paris.

L'étude des mesures prophylactiques adoptées en Angleterre contre la contagion comporte encore bien des points auxquels nous serions tentés de toucher, notamment en ce qui concerne la déclaration obligatoire des maladies infectieuses, la désinfection des locaux et objets contaminés, etc. Mais cet examen nous mènerait bien au delà des limites auxquelles ce travail doit se borner.

Il nous reste donc à résumer en quelques propositions les faits les plus saillants qui résultent de notre enquête, et à en tirer les conclusions qui en découlent.

Propositions.

1° Les hôpitaux d'isolement exercent-ils une influence nocive sur la santé du voisinage ?

Oui, en ce qui concerne les hôpitaux de varioleux. *Non*, en ce qui concerne les établissements affectés au traitement d'autres maladies transmissibles.

2° A quelle distance un hôpital d'isolement doit-il être placé des habitations voisines ?

La pratique a démontré qu'il suffit d'un espace de 13 m. laissé entre le mur d'enceinte et les bâtiments (salles de malades et annexes). Ces données ne s'appliquent pas aux hôpitaux de varioleux dont le champ d'action est encore indéterminé.

3° Peut-on se servir de tentes et de baraquements pour hospitaliser les malades pendant la période de convalescence ?

Non. Ceux-ci offrent trop d'inconvénients pour le service et la santé des malades. Ils ne peuvent remplacer l'hôpital de convalescence.

4° Faut-il pour chaque maladie transmissible des hôpitaux spécialement affectés à une maladie unique ?

Non. Des pavillons bien isolés, mais élevés dans la même enceinte suffisent.

5° Y a-t-il lieu de faire exception pour les varioleux ?

Oui. Les varioleux seront hospitalisés dans des bâtiments spéciaux n'en renfermant aucun affecté à une maladie autre dans la même enceinte.

6° La réunion dans le même bâtiment d'individus affectés de la même maladie, exerce-t-elle une influence quelconque sur la marche de leur affection ?

Non, à la condition que tous les avantages d'espace et d'aération leur soient assurés.

Conclusions.

— Les malades atteints d'affections contagieuses et transmissibles, telles que le choléra, la dysenterie, la scarlatine, la diphthérie, l'érysipèle, la pneumonie, la broncho-pneumonie, l'infection puerpérale, la fièvre typhoïde, la rougeole, la coqueluche, seront traités dans des pavillons isolés ; ceux-ci pourront être sans inconvénient élevés dans la même enceinte, à la condition de posséder un personnel distinct.

— Les varioleux seront hospitalisés dans des hôpitaux à eux spécialement affectés, à l'exclusion de tous autres malades.

— Les hôpitaux de varioleux seront placés hors des villes, à une aussi grande distance que possible de toute habitation ou centre habité.

— Les hôpitaux de convalescence seront établis hors la ville, sur le modèle des hôpitaux ordinaires.

TABLE DES MATIÈRES

CHAPITRE I.

Léthalité produite par contagion à l'intérieur des hôpitaux.

CHAPITRE II.

Progrès de l'hospitalisation en France et à l'étranger.

CHAPITRE III.

Les hôpitaux d'isolement appliqués à la variole.

CHAPITRE IV.

*Les hôpitaux-tentes — Les hôpitaux flottants. — Les
baraquements.*

CHAPITRE V.

Les hôpitaux d'isolement disséminent-ils la maladie dans le voisinage ?

CHAPITRE VI.

L'isolement des infectieux dans les petites villes.

CHAPITRE VII.

Relation d'une épidémie de variole en Angleterre. Immunité due à la vaccination.

CHAPITRE VIII.

Transport des varioleux à Londres

CHAPITRE IX.

Le transport des contagieux à Paris.

CHAPITRE X.

L'isolement des infectieux à Paris.

CHAPITRE XI.

Propositions et conclusions.

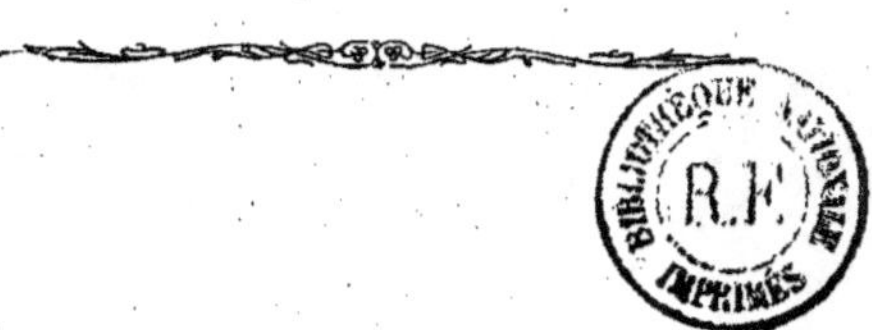

www.ingramcontent.com/pod-product-compliance
Lightning Source LLC
Chambersburg PA
CBHW051149050726
47594CB00003B/1320